| 임성근 시조 |

봉인된 기억

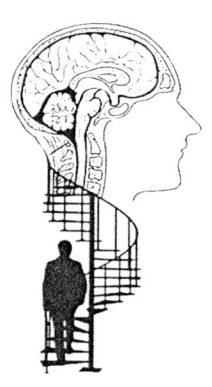

도서출판

님께
....

함께 있으면 좋은 사람에게 이 책을 드립니다.

늘 건강하시고 행복하세요.

드림
....

날짜　　　　년　　　월　　　일

책을 펴내면서

또 하나의 도전. 내 인생의 또 다른 목표 하나를 이뤘습니다. 벚꽃 흐드러진 춘삼월의 화창한 봄날 문득 돌아본 시간들이 참으로 쏜살같다고 느껴지는 요즈음입니다. 하나도 이룬 것 없이 앞만 보며 살아온 세월들만이 버티고 선 하루하루들이 어쩌면 늙음을 부채질 하는 것 같습니다.

남들보다 늦게 글을 쓴다는 것이 부끄러웠지만 꿈은 꾸는 자만이 그 꿈을 잡는다고 왠지 그동안 느끼지 못했던 삶의 여유와 즐거움을 찾은 것 같아 매일이 행복한 날들의 연속입니다. 그러나 한편으론 예향 통영에서 글을 쓴다는 게 어찌 보면 미련한 건 아닌지 아니면 무모한 건 아닌지 늘 조심스럽습니다.

왜냐면 우리나라의 문단을 대표하는 기라성 같은 선배 문인, 통영을 예향에 빛나는 도시로 올려놓으신 분들의 이름에 누가 되지 않을까? 글자 하나하나에 항상 노심초사해 봅니다.

소설의 박경리 선생님. 김용익 선생님 시인이신 청마 유치환 선생님, 김춘수 선생님 그리고 시조 시인이신 김상옥 선생님 등 많은 통영 출신의 저명하신 선생님들의 뒤를 따른다는 게 한편으론 기쁘고 또 한편으론 가슴 뿌듯함으로 벅차올라 늘 새로운 마음가짐으로 그분들의 뒤를 받들어 쫓아가리라 다짐도 해 봅니다.

　오늘, 이 책을 펴내면서 한 사람의 문인으로 또 한 사람의 통영인으로서 예향 통영의 이름에 작은 불씨 하나를 지피고 보태어 선배 문인들의 정신을 받들고 후배들에게 길을 닦는 계기가 되었으면 하는 작은 소망을 가슴에 품어 봅니다.

　그리고 글을 쓰고 한 권의 책으로 나오기까지 보이지 않는 곳에서 늘 응원해 주시고 보듬어 주신 많은 선배 동료 문인들께 머리 숙여 감사함을 전합니다. 고맙습니다. 그리고 감사합니다.

2023년 5월
정거장/임성근 배상

1부 잊고 산 세월

이름 ················ 14
멍에 ················ 15
안부 ················ 16
어머니 ·············· 17
낮달 ················ 18
핑계 ················ 19
망부석 ·············· 20
등댓불 ·············· 21
그곳 ················ 22
일생 ················ 23
세월 ················ 24
타인 같은 나 ········ 25
허기 ················ 26
경운기 ·············· 27
인생 I ·············· 28
나이 ················ 29
고공 크레인 ········· 30
착각 ················ 31
체온 ················ 32
꽃샘추위 ············ 33
낙엽 ················ 34
손편지 ·············· 35
불법 투기 ··········· 36
방황 ················ 37
잊고 산 세월 ········ 38

2부 그리움을 묻고

석양 ···································· 40
난초 ···································· 41
울화 ···································· 42
봄은 ···································· 43
아침 ···································· 44
우울증 ·································· 45
계절 ···································· 46
동지팥죽 ································ 47
달구지 ·································· 48
바보 ···································· 49
화전마을 ································ 50
능수버들 ································ 51
가난 ···································· 52
우수 ···································· 53
천자문 ·································· 54
한탄강 ·································· 55
미련 ···································· 56
봄 오는 길목 ···························· 57
내 아버지 ································ 58
유언비어 ································ 59
봄밤 ···································· 60
봄봄봄 ·································· 61
환향녀 ·································· 62
출렁다리 ································ 63
산불 ···································· 64

3부 그리운 시절

어느 가을날 ·················· 66
그 겨울 ···················· 67
인력시장 ···················· 68
1.5류 ······················ 69
기상 시간 ···················· 70
부처님 오신 날 ················ 71
설날 ······················ 72
그리운 시절 ·················· 73
봄봄 ······················ 74
여름밤 ····················· 75
궁핍 ······················ 76
비 온 뒤 ···················· 77
영동 할매 ···················· 78
한옥 ······················ 79
오래된 기억 ·················· 80
아파트 ····················· 81
발길 닿는 대로 ················ 82
그때는 ····················· 83
담쟁이덩굴 ··················· 84
겨울밤 I ···················· 85
정월 대보름 I ················· 86
백 원짜리 동전 ················ 87
봄맞이 ····················· 88
뒤돌아보니 ··················· 89
기온차 ····················· 90

4부 세월이 가면

통영예찬 ·················· 92
겨울 강 ·················· 93
당신 ·················· 94
전단지 ·················· 95
숯 ·················· 96
차례 ·················· 97
전우 ·················· 98
주작산 ·················· 99
일상 ·················· 100
방귀 ·················· 101
얼레지 꽃 ·················· 102
학도병 ·················· 103
지금은 겨울 ·················· 104
가뭄 ·················· 105
향기 ·················· 106
삼일절 그날 ·················· 107
칠월의 어느 날 ·················· 108
비상 ·················· 109
필 카페 ·················· 110
선생님의 시 낭송 ·················· 111
헛수고 ·················· 112
시조창 ·················· 113
잠 못 드는 밤 ·················· 114
겨울밤 Ⅱ ·················· 115
한려수도 통영 ·················· 116

5부 나들목의 향기

새해 첫날 ················· 118
인생 Ⅱ ··················· 119
틈새 ···················· 120
화포천의 겨울 ············· 121
아직은 겨울 ··············· 122
세월의 기도 ··············· 123
충무공 이순신 장군 ········· 124
만년 대리 ················ 125
고향길에서 만난 수국길 ····· 126
정월 대보름 Ⅱ ············· 127
겨울 이야기 ··············· 128
겨울날의 단상 ············· 129
겨울 동백 ················ 130
내 반쪽 ·················· 131
태풍 소식 ················ 132
추억 속 거기 ·············· 133
광도천 수국길 ············· 134
가뭄 ···················· 135
추석 ···················· 136
직장인의 회의 ············· 137
두통 ···················· 138
백수 어선 ················ 139
청춘의 덫 ················ 140
풍수해 ··················· 141
울 아배 ·················· 142

딸내미 결혼식 ·· 143
봉인된 기억 ·· 144
은퇴식 ·· 145
통영의 봄 ··· 146
밴드 출석부 ··· 147
친구 딸 결혼식 날 ······························ 148
오일장 ··· 149
치과 진료 ·· 150
코로나 격리 ·· 151

1부
잊고 산 세월

이름

붙들고
있어야만
네 이름 단풍인데

못 버텨
떨어지면
뒹구는 낙엽이라

한 치 앞
모르는 세상 불쏘시개 같은 생

멍에

어깨를
짓누르는
내 삶의 무게만큼

벗어나
날고 싶은
수많은 내적 갈등

짊어진
버거운 운명
족쇄 채운 올가미

안부

언제나
늘 그 모습
보기에 넘 좋아요

기회가
된다면은
함 뵙고 싶으네요

어느새
계절 가을이
낙엽으로 변해가네요.

어머니

오색의
칠보단장
밤을 새워 수를 놓고

무병장수
기원하며
허리춤에 매달아준

어머니
그 크신 사랑 복주머니 담겼네

낮달

한밤을
제 몸 태워
하얗게 재가 된 몸

그 무슨
미련 남아
아직도 서성이나

달콤한
도화 향에 취한 염화 보살의 미소

핑계

지난밤
뜬눈으로
하얗게 지샜더니

떨리는
체력으로
나이가 발목 잡네

궁시렁
변명 앞세워
불을 끄는 오늘 밤

망부석

온다는
기약 없이
저 홀로 가는구나

말 못 한
기다림에
붙잡지 못한 마음

짙어진
삶의 고단함 애간장이 녹는 밤

등댓불

파도에
떠밀려온
조각난 기억 한편

물살을
거스르며
저 혼자 흐느낀다

민낯에
화장을 지운
기웃거린 등댓불

그곳

바지락
미역 캐는
비췻빛 고향 바다

봄바람
너울 타고
갯내음 살랑인다

동백꽃
붉어 지천인
봄을 캐는 해조음

일생

한평생
앞만 보며
걸어온 험난한 길

내쉴 곳
마땅찮아
가쁜 숨 몰아쉬네

지친 몸
기대어봐도
남은길만 저만치

세월

저물녘
가을바람
황혼을 채질하고

이 밤도
처량하다
갈 곳 잃어 외로운 맘

지친 삶
헤진 고쟁이
달래보는 한잔 술

타인 같은 나

출근길
배웅하는
거울 속 인물 하나

시커먼
마스크 속
눈코입 숨바꼭질

색 진한
선글라스에
타인 같은 내 존재

허기

귓가에
비척 이는
술 취한 노랫가락

불 꺼진
아랫목엔
잠이든 밥상보만

꼬르륵
허기진 등골
목만 축인 자리끼

경운기

하루의
고단함에
서산 해 뉘엿뉘엿

밭고랑
이랑 사이
그림자 끌고 섰네

덧없이
구르는 세월
허리 펼 날 없어라

인생 I

힘들면
잠시 기대
가쁜 숨 골라보자

웃으며
걸어가도
모자랄 것 같은 시간

아프다
짜증을 내도
달라질 게 없는 날들

나이

시간을
유혹하는
숨겨둔 철 지난 옷

버거워
벗어 버린
만삭의 내 그림자

귀 막은
투명방음벽 목에 걸린 행선지

고공 크레인

어둠을
지키고선
한밤의 저 파수꾼

이 밤도
저 혼자서
얼마나 외로울까

어스름
잠 깨는 새벽
그도 고향 생각을 할까

착각

한낮을 달군 땡볕 남겨진 열대야에
밤사이 다녀가신 소낙비 한줄기로
때마침 서늘한 바람
가을인 줄 알았네

창문을 활짝 열고 하늘을 바라보니
시원한 바람 타고 노니는 잠자리 떼
무심코 바라본 달력
칠월의 끝 여름날

체온

한마디 말도 없이 무언의 침묵 속에
서로를 바라보는 눈빛과 눈빛 사이
언제나 따뜻한 온기
교감하는 36.5도

너와 나 숨결 속에 따뜻함 오고 가고
가슴속 스며드는 행복에 겨운 미소
당신의 미소 띤 얼굴
행복을 여는 열쇠

꽃샘추위

새봄을 시샘하는 불청객 꽃샘추위
웅크린 마음마다 겨울옷 갈아입고
빨갛게 익은 볼우물
호호 불던 시린 손

앙상한 가지 끝에 매달린 오목눈이
춥다고 오그라던 목소리 들리나요
양지쪽 봄볕 보채는
변덕스런 춘삼월

낙엽

덧대어 어우러진 옷소매 끄트머리
그물 속 덫에 걸려 달구어 비틀어진
떨어져 바스러질까
안타까운 몸부림

영원을 꿈꾸지만 끊어진 붉은 탯줄
허공의 거미줄에 매달린 슬픈 몸짓
실핏줄 뼈대에 걸친
영혼뿐인 네 모습

손편지

그리움 꾹꾹 눌러 썼다가 지웠다가
눈앞에 삼삼이는 미소 띤 그대 얼굴
새하얀 백지 위에 쓴
보고픔만 한가득

한밤을 꼬박 새워 쓰다가 그리다가
버거워 구겨버린 부치지 못한 편지
떨어진 눈물 한 방울
흔적으로 남은 정

불법 투기

전국의 산과 바다 쓰레기 몸살 앓네
홍보와 계도 하고 현수막 붙여보네
남몰래 버리는 행위
그것은 범죄이다

좋은 산 맑은 공기 어디든 요산요수
쓰레기 되가져간 깨끗한 자연환경
모두가 하나 된 마음
보여주는 미덕을

방황

겨울로 가는길목 단풍든 가로수길
또 다른 이별 앞둔 계절의 가슴앓이
돌다만 회전교차로
쓸고 지난 바람아

어디로 가야하나 나조차 모르는 길
나부낀 바람처럼 흩날린 기억인가
빛바랜 마지막 사연
침묵하는 대지여

잊고 산 세월

세상사 풍파 속에 부딪쳐 살다 보니
세월의 흘러감도 잊고서 살았구나
숙였던 고개를 드니
나이 듦도 잊었네

주위를 둘러보니 주름살 백발 머리
나는야 아니겠지 굽었던 허리 펴니
하늘은 보이질 않고
지팡이만 보이네

2부
그리움을 묻고

석양

빨갛게 달아오른 푸른빛 바다 노을
내 안의 헛된 욕심 뜨겁게 불태우고
밀물에 휩쓸린 약속
허무뿐인 깨달음

갯바위 언덕바지 달빛이 머무는 밤
아파도 울지 않는 부서진 하얀 포말
지난날 수많은 밀어
철썩이는 밤바다

난초

세월의 흔적 품은 청초한 푸른 잎새
새초롬 임의 마음 여린 듯 품은 모정
머릿결 그윽한 향기
쓰다듬던 그 손길

연보라 꽃잎 위에 활짝 핀 주름치마
입술에 웃음 걸린 북향의 내 어머니
호 불면 날아갈세라
눈에 선한 그 모습

울화

옭아맨 침묵 속에 뭉쳐진 세월 하나
시간 속 사연 담은 기다란 가슴앓이
한밤을 울던 문풍지
어머니의 앙가슴

이불속 눈망울에 하얀 밤 묶어두고
동장군 시린 바람 홑적삼 파고드는
방구들 식은 아궁이
한기 매단 옷고름

봄은

옷고름 풀어 헤친 바람난 시린 햇살
찬바람 허울 벗고 살랑인 들꽃 향기
어디쯤 오고 있을까
마음 급한 우체부

저녁달 어슴푸레 눈뜨는 새벽이슬
남몰래 흘린 눈물 잠 깨는 아지랑이
양지쪽 쑥 캐는 아낙
바구니에 담긴 봄

아침

풀잎에 반짝이는 영롱한 새벽이슬
새까만 밤을 쫓아 어둠을 걷어낸다
선하품 눈뜨는 대지
두근거린 팔베개

오늘도 어제같이 평범한 하루 일상
따스한 햇살 품은 창가가 그리운 날
첫걸음 낯선 목적지
밤을 지샌 설레임

우울증

아무런 징조 없이 내 마음이 너무 아파
괜스레 겁이 덜컥 병원 진료 받아보니
갱년기 초기증세라
의사 선생 말하네

갑자기 열도 나고 숨쉬기도 곤란하고
더웠다 차가웠다 화도 내다 웃었더니
우울증 찾아온다고
심신 안정하라네

계절

잊으란 말도 없이 저 홀로 가는구나
지는 줄 알면서도 꼭 쥐고 놓지 못한
잘 가란 인사말 대신
목을 놓아 불렀다

엿보는 세상사는 제자리걸음인데
오동잎 떨어진다 가얏고 우는소리
낙엽 진 거리에 서서
이별 뒤에 알았네

동지팥죽

밤새워 맷돌갈아 새알심 빗으시며
자식과 가정평화 속으로 되내시던
어머니 그깊은 사랑
팥죽속에 담겼네

해묵은 지난해의 소소한 넋두리들
하얀눈 타고오는 봄소식 더딘 겨울
보고픈 어머니 얼굴
새알심에 그렸네

달구지

저물녘 노을 길을 황혼이 재촉하네
주인은 어디 가고 빈 수레 혼자 가나
땡그랑 워낭소리에
놀란 눈만 화등잔

한 잔술 얼큰하니 지그시 감은 두 눈
저 혼자 흥에 겨워 콧노래 흥얼흥얼
느긋한 수레바퀴만
고삐 따라 구른다.

바보

이렇게 떠나갈 걸 불같이 사랑했나
바스락 낙엽 소리 부서진 너의 자태
하늘색 그대 눈동자
노을 붉은 갈바람

떨어져 나뒹구는 회색빛 고운 단풍
발길에 부서지는 지나간 가을의 꿈
사그락 먼 기억하나
침묵하는 몸부림

화전마을

하늘 밑 제일번지 산속의 화전마을
이제는 모두 떠나 체취만 남았구나
처마 끝 녹슨 풍경만
찬바람에 뎅그렁

산골에 묻혀버린 왁자한 웃음소리
툇마루 길고양이 고개 빼 주인행세
사립문 녹슨 돌쩌귀
저 혼자서 삐거덕

능수버들

늘어진 가지마다 층층이 쌓인 한숨
날리고 부딪치며 살아온 모진 세월
옹이진 삶의 고달픔
바람 잘 날 없어라.

갈라져 투박한 몸 휘어져 굽은 허리
흩어져 널브러진 멍들고 지친육신
녹양한 새봄소식에
훔켜잡은 나이테

가난

새벽닭 울음소리 길잡이 호롱 들고
앞서고 뒤서거니 그림자 쫓고 있네
눈썹 위 업은 포대기
벌거벗은 앙가슴

하늘도 구제 못 한 허기진 보릿고개
바람도 피해 가는 구멍 난 물바가지
숯검댕 엄마 치마폭
고개 숙인 한세월

우수

새벽의 칠흑 같은 어둠이 밀려나고
쌓인 눈 털어내는 수줍은 동백 꽃잎
한 폭의 수채화 같은
계절이 주는 선물

동장군 저리 가라 춘풍에 얼음 녹고
만물이 소생하는 단비로 찾아오는
그대의 이름은 우수
슬그머니 찾은 봄

천자문

울 아배 쟁기 끄는 산골짝 천수답엔
메말라 비틀어진 입 벌린 글자 하나
갈라진 내 천자 위로
덮어쓰는 한일자

굳은살 덕지덕지 울어 매 투박한 손
부르튼 손바닥위 떨어진 땀방울은
닳아서 보일락 말락
손금마저 우물 정

한탄강

무너진 앙가슴에 임 얼굴 수를 놓고
고향 땅 부모·형제 꿈속에 집을 짓는
자유를 갈망한 육신
말이 없는 눈물샘

불 꺼진 처마 끝에 매달린 날갯짓은
하얗게 밤을 지샌 구겨진 주름치마
유유히 흐르는 강물
흔적 없는 아우성

미련

훔켜쥔 기억들로 짚어진 묵은 욕심
상처를 디디고 선 허기진 이내 영혼
헐벗어 버거운 여정
방황하는 눈동자

남겨진 사연들로 비우지 못한 미련
자욱한 담배 연기 불면에 잠 못 든 밤
서러워 앙칼진 바람
한숨소리 묻히네

봄 오는 길목

바람에 구름 밀린 비 오는 겨울의 끝
개나리 진달래도 볼우물 옅게 웃네
개여울 흐르는 소리
봄이 왔네 저만치

불청객 꽃샘추위 옷깃을 여미우고
가지 끝 그루터기 혀 내민 꽃봉오리
개울가 버들강아지
바람 길로 봄 마중

내 아버지

굽어져 축 늘어진 등골을 타고내린
하얗게 서리 앉은 아버지 설운사연
풀피리 장단 맞추며
꼽아보는 손가락

늘어난 주름살 속 땀방울 그네 타는
각이 져 모난 날들 발길에 묻은 세월
빨갛게 핏발선 두 눈
울음 삼킨 목울대

유언비어

달리는 말발굽에 박차를 가해본다
내쉬는 콧김 속에 입 벌린 저 투레질
파발마 꼬리에 묶인
뜬금없는 헛소문

발없는 소리 소문 천리를 간다더니
옛 성현 하신말씀 한 치도 거짓 없네
귓등에 매달린 입술
임금님귀 당나귀

봄밤

은은한 매화 향기 춘풍에 길을 놓고
향긋한 벚꽃 내음 봄 처녀 설레인 맘
몰래 온 봄비 소리에
뜬눈으로 지샌 밤

오실 임 반가운 맘 낯설은 부끄러움
달콤한 속삭임에 옷고름만 만지작
똑 똑똑 노크 소리에
기다림에 들뜬 밤

봄봄봄

두터운 옷을 벗은 개여울 물소리에
창문을 열었더니 싸늘한 찬바람만
양지쪽 못내 그리운
봄 내음은 아직이다

처마 끝 매어달린 고드름 위태하다
허공에 줄을 타며 붙잡지 못한 인연
허우적 눈물 한 방울
회포 풀던 바다여

환향녀

탈색돼 저민 가슴 속울음 삼킨 세월
새겨진 주홍글씨 아물지 않은 흉터
매듭진 저고리 고름
풀지 못한 응어리

뭇사람 손가락질 돌팔매 멍울든 몸
눈감고 입도 닫은 한 맺힌 눈물방울
쓰라린 전쟁의 상처
씻지 못한 핏자국

출렁다리

노을빛 붉게 영근 까마득 절벽의 끝
굳세게 버티고선 간 졸인 비명소리
발길에 차이는 체취
걸음 걷는 가쁜 숨

한쪽 눈 살짝 뜨고 저만치 바라보니
노 젓는 구름 위로 메아리 날갯짓은
움츠린 다리 사이로
울음 삼킨 휘파람

산불

나만은 괜찮겠지 한순간 방심으로
푸른 숲 어디 가고 민둥산 남았을까
빨갛게 옹이진 악몽
상처 남은 눈물뿐

붉은 혀 날름거린 화마가 삼킨 자리
타다만 상처들로 할퀴고 멍든 자국
모른 척 지나는 바람에
검은 상복을 벗는다

3부
그리운 시절

어느 가을날

풋사랑 짧은 인연 진종일 가슴앓이
기다림 애타는 맘 옛 추억 부르는 밤
겹겹이 쌓인 그리움
숨어 울던 두견새

산고에 몸져누운 솔가지 우는소리
만삭의 저녁노을 몸 푸는 그루터기
계곡 옆 기대선 억새
손 흔드는 가을날

그 겨울

동장군 여문 바람 문풍지 떨어 울면
뒷산의 삭정이가 온몸에 불 지피고
솔가지 매서운 연기
후후 불던 그 굴뚝

등잔불 그림자 밑 자리끼 엉거주춤
발치엔 온기품은 볼 빨간 화롯불만
아랫목 구들장 사이
돌아눕던 이불깃

인력시장

고단한 밤을 안고 새벽길 나서시는
아버지 입에 매단 하이얀 고드름은
평생을 같이 걸어온
뗄 수 없는 그림자

달빛에 몸을 사린 가로등 몸져누운
희뿌연 안경 너머 홰치는 수탉울음
탈색된 육신에 걸친
바람 빠진 안전모

1.5류

남들은 나를 보고 일류라 말하지만
나 자신 돌아보니 턱걸이 일 점 오류
갈 길은 까마득한데
보이쟎는 일류길

한 걸음 내디디면 집힐 것 같은 일류
신기루 쫓는 두 눈 불면에 잠 못 들고
허우적 빈손만 가득
허무뿐인 두 주먹

기상 시간

똑같은 시간마다 되돌아온 알람 소리
입 벌린 하품 따라 기지개는 덤이란다
삐거덕 녹슨 뼈마디
울음 삼킨 주름살

쪼르륵 흘러내린 얼음장 수돗물에
손가락 살짝 담가 온도를 체크한다
때늦은 늑장 추위에
혼자 도는 보일러

부처님 오신 날

잔잔한 목탁 소리 산사를 부유하고
처마 끝 타고 도는 청아한 염불소리
홀가분 내려놓은 맘
세속번뇌 잊는다

속세에 어둠 밝힌 온화한 부처 미소
세상사 헛된 욕심 엎드려 비는 마음
환하게 불 밝힌 연등
온 누리에 자비를

설날

온다는 문자 한 통 툭 하니 기별 터니
언제쯤 도착한다. 깜깜 무소식일세
대문에 귀 걸어두고
안절부절 졸인 맘

동구 밖 도착했다 핸드폰 문자 소리
하던 일 팽개친 채 버선발로 마중하네
덕담과 맛있는 음식
정을 담은 세뱃돈

그리운 시절

꼴 한 짐 베어놓고 낫 던져 꼴 따먹기
고무신 벗어들고 장단을 치다 보니
하루해 노을을 쫓고
그림자만 남았네

한세상 꿈이런가 기억 속 그 얼굴은
지금도 어제같이 맴도는 그리움들
가슴속 숨긴 첫사랑
추억 남은 일기장

봄봄

서릿발 보리 밟던 발 시린 겨울 틈새
가지 끝 부여잡은 볼 빨간 매화 향기
개여울 굽 도는 소리
앙탈 부린 봄 햇살

휘돌아 스멀대며 살포시 비집고선
사립문 걸터앉아 빗장 푼 입춘대길
춘설에 버들강아지
뒤뚱거린 봄바람

여름밤

여름밤 짧다 하여 일찌감치 누웠더니
빨갛게 달군 하루 열대야 잠 못 드네
머리맡 자리끼마저
거품 무는 온천수

창문을 타고 드는 달빛이 너무 고와
마당에 나와 서서 바라본 하늘 저편
숨죽인 별빛만 반짝
삼복더위 부채질

궁핍

꼬 끼여 홰를 치는 새벽닭 울음소리
구부정 황소걸음 삐거덕 쟁기 쫓네
뒤 안 곁 무너진 굴뚝
그네 타는 그을음

밭고랑 이랑마다 층층이 쌓인 한숨
손가락 지문 박힌 녹이 슨 호밋자루
지는 해 저녁 어스름
눈물 젖은 부뚜막

비 온 뒤

애꿎은 산그리메 호롱불 불 밝히고
돋보기 칭얼대는 바늘코 붙잡은 손
선하품 매달린 쪽잠
얼굴 붉힌 열대야

달그락 베틀 위에 손가락 그네 타고
수해에 이사 가는 한밤의 개미행렬
창으로 내다보이는
달빛 슬퍼 보이는 밤

영동 할매

휘도는 모진 바람 이월의 꽃샘추위
심통 난 시어머니 며느리 시집살이
봄 오는 길목에 서서
서성이던 계절풍

붉은 베 실겅 위에 정화수 모셔놓고
바람에 저당 잡힌 울 아배 무사 기원
대보름 달집 태우며
묵은 때를 벗는다

한옥

고고한 너의 자태 천년 한 이고 섯네
대대로 지켜온 고뇌 우아함 입었구나
묵빛의 선율을 따라
간직해 온
장인 혼

삼단결 용 고름에 세류요 팔작지붕
청아한 풍경소리 세상사 번뇌 씻고
묵향의 향기에 취한
청렴결백
선비 혼

오래된 기억

어릴 적 뛰어놀던 능선에 올라서니
반갑다 손 내미는 억새꽃 변함없네
옛 친구 어디로 가고
추억만이 남았나

아직도 단풍 걸린 저 멀리 가을 구름
차가운 겨울비에 따스함 남은 고향
물비늘 길 찾는 선창
작은 포구 등댓불

아파트

하루가 멀다 하고 힘차게 고공행진
붙잡지 못한 둥지 비우지 못한 욕심
새장 속 꺾인 눈동자
천정부지 날갯짓

아무리 노력해도 떨치지 못한 계단
영 끝은 내 자존감 비웃는 아빠 찬스
초고속 엘리베이터
저당 잡힌 내 영혼

발길 닿는 대로

배낭을 둘러메고 행복 찾아 홀로 간다
내딛는 발길마다 꽃향기가 묻어나고
발길에 누운 그림자
봄 햇살이 반긴다.

살갗을 스쳐 가는 향기 실은 봄바람에
마음은 싱숭생숭 발걸음만 세고 있네
화사한 그대의 미소
가지 끝에 걸렸네

그때는

봄인가 하였더니 벌써 또 여름인가
시냇가 빨가벗고 물장구치던 시절
저녁놀 시계추 따라
흘러버린 청춘아

찔레순 따다 먹고 소나무 송고 빨며
논두렁 밑에 숨어 숯검뎅 보리 서리
삘릴 리 버들피리 불던
지나버린 추억아

담쟁이덩굴

푸르게 빛난 청춘 어디로 간곳없고
앙상한 손마디에 주름만 남았구나
지친 몸 쓸쓸함 더한
화려했던 옛 영화

훔쳐쥔 초록 손은 미지를 탐험하고
비 오고 바람 부는 긴 여정 발길 머문
지나간 세월에 묻힌
침묵 속의 속앓이

겨울밤 I

땅거미 질척대는 싸르락 진눈깨비
고삐 쥔 마스크 속 동장군 기습한파
여미는 옷깃 사이로
호호 불던 시린 손

부서져 바스러진 철 지난 겨울 장미
빈 둥지 외로운 밤 동박새 울음소리
따뜻한 온기 그리워
발만 동동 구른 밤

정월 대보름 I

홍조 띤 붉은 얼굴 귀밝이 낮술 한잔
부럼에 지신밟기 내 더위 너 사가라
해맑던 유년의 추억
출산 앞둔 보름달

허공에 띄워놓은 논두렁 쥐불놀이
달집은 어디 가고 풍물패 맴을 도네
새까만 연기 그을음
소원 빌던 달무리

백 원짜리 동전

남해의 물결 속에 장군이 잠을 잔다.
파도에 눈을 뜨니 일출이 눈부시다.
한때는 전장을 누빈
이름뿐인 초상화

불 꺼진 등대마다 갈매기 애처롭다
집어등 불 밝힌 채 멸치 떼 그물 타는
땡그랑 뱃전을 구른
모로 누운 거북선

봄맞이

골목길
담벼락 밑
가녀린 꽃 한 송이
수줍게 내민 입술 몰래한 해바라기
남풍에
달뜬 속삭임 더디 걷는 꽃바람

하얗게
맨발로선
보리밭 서릿발은
갈 길 먼 꽃샘추위 여린 맘 부여잡고
설한풍
시린 손끝에 묻어나던 매화향

뒤돌아보니

굴곡진 주름살은 세월의 희로애락
지나온 내 인생의 숨길 수 없는 여정
이마엔 인생 계급장
서성거린 나이테

웃어른 봉양하고 자식들 건사하며
한세월 잘살았다 고개를 돌려보니
빈손에 가진 것 하나
영정사진 한 장뿐

봄 여름 가을 지나 이제는 인생 4막
마지막 준비하며 겨울로 가는 길목
주연인 줄 알았는데
조연 같은 내 인생

기온차

얼굴을 할퀴면서 살갗을 파고드는
새벽의 찬 공기에 온몸을 오싹 떨고
발끝을 기어오르는
시베리아 칼바람

햇살에 쫓기 어간 동장군 매운바람
봄날의 향기 같은 한낮의 여유로움
골목길 담벼락 밑에
해바라기 삼매경

밤낮의 기온차가 극명한 요즘 하루
아침과 저녁으론 얼음장 같은 추위
한낮엔 영상의 더위
코에 얹힌 땀방울

4부
세월이 가면

통영예찬

동피랑 벽화마을 서피랑 그 벽화들
발 없는 벽화들이 모두 다 마실 갔나
동심에 물든 골목길
디피랑에 모였네

둥근달 떠오르는 높다란 산꼭대기
자유를 얻은 벽화 밤하늘 수를 놓네
환상의 신비한 축제
빛의 정원 디피랑

바닷가 조그만 산 동백꽃 피고 지고
수문장 통영벅수 밤새워 별 헤는 밤
남망산 바다 산책길
동양의 나폴리라

겨울 강

물결이 달빛 따라 말없이 흐르는 강
솔바람 동무하여 은하수 뿌려놓고
한 움큼 너울빛 타고
윤슬의 꽃이 핀다

차디찬 바람에도 물안개 피어나고
기억의 갈피마다 물살이 전하는 말
한참을 칠갑한 수다
철벅거린 눈시울

알싸한 찬바람만 귓불을 스치우고
언덕 위 나목 하나 먼 봄을 기다리네
그리움 향수를 더 해
겨울 강을 안는다

당신

오랜만 휴일의 낮 오수에 취해보네
달콤한 꿀잠 속에 들리는 한숨 소리
거울 앞 앉은 마눌님
백설 같은 흰머리

슬며시 눈을 뜨고 어깨를 토닥인다
한평생 희생으로 지켜온 가족 행복
당신이 아니었다면
이 행복이 있을까

둘이서 마주 보며 입가엔 엷은 미소
살짝이 맞잡은 손 온기가 더해지네
이제는 둘만을 위해
살아봄이 어떻소

전단지

대문 밖 매어 달린 색 바랜 우편함에
홍보용 전단 지속 사진이 활짝 웃네
번호표 손꼽아 보니
일 번부터 십사 번

일일이 수거해서 한 번에 펼쳐보니
남녀가 하나같이 인물은 훤하구나
전단지 코팅이 되어
재활용도 안 되네

티브이 뉴스에는 안 나온 후보들도
제각각 인물 자랑 공약도 가지가지
아이구 많기도 하다
선택하기 힘드네

숯

청춘도 몸살 앓는 인생길 흘러가네
아쉬워 돌아보니 주름진 희로애락
두리번 눈 돌린 나목
벌거벗은 그 아픔

갈 곳을 잃어버린 뜨거운 인연 한 줄
싸늘히 식은 찻잔 퍼질러 앉은 하루
야속타 세월의 흔적
그을음만 남았네

지난날 꿈꾸었던 오래된 소망 하나
잊혀진 그리움에 눈물로 지새우며
남겨진 그 아픔까지
타다 남은 등신불

차례

올해도 어김없이 설날은 다가오고
코로나 펜데믹에 차례상 엄두 안 나
괜스레 하늘만 보며
쏟아내는 넋두리

경영난 실직상태 비상금 바닥나고
길가의 폐지라도 주워서 팔아볼까
마음속 갈등에 밀려
주춤주춤 눈길만

난방도 되지 않는 썰렁한 냉골 바닥
모서리 금 간 밥상 위패만 올려놓고
목매인 눈물 한 방울
절 올리는 쓰린 맘

전우

오랜만 군대 모임 제복을 꺼내 들고
입었다 벗었다가 뜬눈에 밤을 샌다
빨갛게 상기된 두 눈
어제 같은 그 시절

보고픈 전우 얼굴 마음은 방망이질
스치는 지난 기억 추억들 맴을 도네
만나면 무슨 말 할까
설레임만 한가득

그간의 반가움에 얼굴만 봐도 싱긋
위하여 외치면서 술잔을 주고받고
서로의 잔을 부딪쳐
나눠보는 전우애

주작산

지난밤 그렇게도 비바람 세차더니
안개와 구름 속의 산책과 같은 산행
진달래 꽃길로 맞이한
감사하고 이쁜 길

낮은 산 있다 해도 쉬운 산 없다더니
구름에 기대어선 주작산 높은 산봉
봉황의 날개를 펼친 듯
꽃 터널 속 산행길

희뿌연 안개 속에 멋진 조망 못 했어도
주변의 풍광들은 다양하고 매력 있네
산행을 즐기는 그대
건강에는 최고지

일상

겨울을 재촉하는 찬바람 누운 마당
아버지 웃음 닮은 외양간 누렁 황소
배부른 새끼 고양이
하품하는 저녁 놀

달그락 펄펄 끓는 주전자 주둥이엔
하얗게 피어오른 물안개 자욱한 밤
기차의 기적소리만
내 귓가를 맴도네

정 없다 한 숟갈은 덤으로 한 숟갈 더
안 먹어 배부르다 투정한 어린 자식
한없이 주기만 하던
우리네의 어머니

방귀

우르릉 꼬로로록 쏴아아 피쉬쉬시
꼬았다 펴졌었다 전쟁이 한창이다
아픔의 차이에 따라
표정 또한 변한다

스르르 풀린 근육 슬며시 밀고 나와
확 퍼진 냄새 속에 주위를 들러본다
얼굴에 철판을 깔고
나 아닌 척 딴청을

또다시 차오르며 부르르 몸을 떤다
힘주어 참았지만 빵 터진 대포 소리
부끄러 고개 숙인 채
계면쩍은 웃음만

얼레지 꽃

춘풍에 설레인 맘 신발 끈을 조여매고
햇살이 끄는 대로 둘레길을 걷다보니
발끝에 채이는 향기
봄 내음을 줍는다.

수줍은 여인인양 다소곳이 고개 숙여
활짝 핀 꽃잎 젖혀 꽃 수술로 유혹하는
저만치 지천에 널린
얼레지꽃 반갑다

화사한 옷을 입은 요염한 얼굴미소
살짜기 걷은 치마 분칠한 눈썹사이
그대는 바람난 여인
봄바람에 설렌다.

학도병

고사리 두 주먹에 총칼을 부여잡고
적진을 향한 돌진 산화한 어린 용사
고귀한 그 이름이여
흔적 없는 넋이여

뽀오얀 얼굴 위로 엿보는 굳센 결의
부릅뜬 눈동자에 어리는 부모·형제
가슴속 간직한 이름
불러보는 어머니

물러섬 한 치 없이 조국을 위해 던진
초개와 같은 목숨 전장의 넋이 됐네
아는가 고결한 희생
기억하라 자유여

지금은 겨울

초가집 처마끝에 매달린 고드름이
버거워 소리없이 남몰래 흘린눈물
햇볕에 드러낸 알몸
꽁꽁싸맨 겨울날

담장밑 쌓인 백설 아직도 차가운데
시린손 호호불던 길고긴 겨울의 밤
서글픈 동박새 울음
둥지잃은 외로움

하얀눈 엄동설한 동장군 모진바람
추위에 차기워진 볼빨간 동백 꽃잎
굳건한 선비의 의지
흐트러짐 없구나

가뭄

긴 가뭄 갈라진 논 붉은 옷 입은 들판
메말라 먼지 쌓인 용수로 마른 하품
갈증에 타는 목마름
조롱하는 붉은 해

입안을 타고 도는 매캐한 화독 냄새
길게 뺀 모가지에 잔주름 걸린 이마
수심 찬바람 소리만
토해내는 분수대

곁눈질 염탐하던 빗나간 일기예보
공염불 옹알대는 기우제 웬 말인가
구성진 뻐꾸기 울음
다독거린 메아리

향기

마당을 가로지른 빨랫줄 위에 널린
세월의 무게 더한 빛바랜 저 덧버선
한세상 모질게 견딘
울 어머니 눈물샘

햇빛에 꾸부러져 색 바랜 밀짚모자
지게 진 울 아버지 꺾어진 허리 마냥
한평생 이고 진날들
실밥 터진 바지춤

댓돌 위 나란히 선 비틀린 저 고무신
이제는 가고 없는 그리움 갈무리한
당신이 달아날까 봐
가슴속에 품은 정

삼일절 그날

나라 안 방방곡곡 온 세상 울려 퍼진
그날의 함성들이 귓가에 맴도는 듯
선열이 흘린 붉은 피
대한독립 만 만세

시퍼런 총칼 앞에 맨주먹 맞서 싸운
찢어진 육신들의 흩어진 파편들을
아아 아 어찌 잊으랴
선열들의 그 희생

빼앗긴 들에도 봄은 찾아왔지만
우리들 가슴속에 자리한 아픈 기억
태극기 바라보면서
깊이 새긴 삼일절

칠월의 어느 날

칠월이 가기도 전 가을이 찾아왔나
새벽의 찬바람에 따뜻함 생각하니
창 너머 뻐꾸기 울음
여름이라 우기네

동녘에 밝아오는 일출을 바라보니
뙤약볕 찜통더위 기상청 예보하네
높낮은 밤낮의 기온
땀 흘리는 온도계

사계절 뚜렷하다 예부터 배웠는데
흐르는 세월 따라 계절도 변하는가
아서라 나이 든 지구
웃음 잃은 지팡이

비상

터질 듯 폭주하는 기관차의 심장처럼
아프게 신음하는 청춘의 젊은 날들
무언의 질주 본능에
차오르는 그 희열

어디로 가는 걸까 갈 곳이 있었던가
곱씹어 삼켜봐도 허기져 벗은 허물
두리번 잊혀진 날들
흔들리는 눈동자

어디쯤 와있을까 지나며 살아온 날
불빛에 가로누워 유리창에 갇힌 시간
자유를 갈망한 영혼
힘에 겨운 날개짓

필 카페

물 맑고 공기 좋은 추풍령 하늘 아래
부부의 소망 담은 아담한 작은 카페
바람도 쉬었다 가는
너와 나의 사랑방

함께한 세월만큼 녹아든 부부의 정
매실 향 새콤한 맛 은은한 페퍼민트
입안을 맴도는 향기
화살처럼 꽂힌 필

달콤한 카페라테 쓰디쓴 블랙커피
두 부부 바라보며 서로가 알콩달콩
행복한 미소 한 모금
천객만래하소서

선생님의 시 낭송

어쩌나 그때에는 정말로 몰랐었네
선생님 절규하듯 내뱉던 그 목소리
책상에 엎드려 누워
귀도 막고 눈 감고

누가 또 잘못했나 선생님 고함 소리
까치 눈 살짝 뜨고 교실 안 둘러보니
창문밖 하늘을 보며
읊조리던 혼잣말

선생님 떠나시고 나 또한 나이 들어
세파에 비틀대며 부딪쳐 걸어온 길
까맣게 잊고 산 세월
추억이라 말하네

헛수고

헛헛한 기침 소리 새벽길 재촉하고
천공에 걸린 달님 그림자 물고 섰네
조각난 한줌의 햇살
반짝이는 물비늘

물보라 베고 누운 갈매기 먹이 사냥
흐느적 침묵하는 풀죽은 만선 깃발
갈 곳을 잃은 눈동자
슬피 우는 뱃고동

허탕 친 그물질에 빈손만 남은 갑판
꼬리 문 담배 연기 머리에 인 주름살
한숨에 미끄러지는
땀방울만 남았네!

시조창

오늘 밤 처음 접한 시조창 문에 교실
부끄러 계면쩍어 입술만 달싹이네
집으로 오는 차 안에서
불러보니 안되네

휴대전화 녹음기에 남몰래 녹음했네
아무도 없는 방안 나 혼자 들어보니
어눌한 발음 사이로
바람 새는 소리만

그래도 기를 쓰고 따라 해 보려 해도
도대체 알 수 없는 높고 낮은 옹알이만
나도야 언제쯤이면
귀 뚫리고 입 틀까?

잠 못 드는 밤

하루가 힘들었나 온종일 피곤하네
뼈마디 구석구석 쑤시고 아려와서
저녁을 뜨는 둥 마는 둥
이불 쓰고 누웠네

청하는 잠 안 오고 갈수록 눈만 말똥
이 궁리 저 궁리로 머릿속 뒤죽박죽
쓰라린 눈을 비비며
뒤척이는 몸부림

온몸에 밀려드는 급격한 체력 저하
따끈한 욕탕 속에 전신을 담가본다.
늘어진 육체를 풀며
심기일전 다진다.

겨울밤 Ⅱ

아침이 밝았을까 눈 가린 암막 커튼
밤인지 낮인지도 분간 못 한 시계추
얄미운 알람 소리만
습관처럼 낯설다.

외풍에 뼛골시린 움츠려 지친 육신
틈새를 비집고선 햇빛이 등을 미네
대문에 부딪힌 바람
앓는 소리 애꿎다

장작불 타는 불꽃 아궁이 달래가며
토라진 임의 마음 몽매에도 그리운 밤
새하얀 입김 서러워
소곤거린 지난 밤

한려수도 통영

미륵산 정상에서 바라본 한려수도
탁 트인 바다 위에 펼쳐진 섬들의 땅
춤추는 비췻빛 물결
추억 실은 뱃고동

먼발치 차오르는 숨 가쁜 물결 따라
갱문가 굴을 따는 아줌마 바쁜 손길
해풍에 줄타기하는
세월 낚는 낚시꾼

누구나 떠올리는 한 가닥 남긴 추억
기다림 목이 메어 찾아온 그 바닷가
사랑과 미움의 세월
파도 속에 눕는다

5부
나들목의 향기

새해 첫날

첫 일출 바라보며 마음을 정리한다
어제로 지나간 해 모자람 없었는지
기억을 더듬어 보며
반성하는 지난해

마음속 도화지에 올 한 해 해야 할 일
까맣게 적어놓고 하나씩 지워볼까
아니야 하얀 백지에
이루면서 채우자

어느 게 나은 건지 갈피를 못 잡겠네
계획해 이루든지 이루고 채우든지
누구나 세상살이가
완벽할 순 없잖아!

인생 Ⅱ

인생이 뭐 별건가 살다 보니 살아지네
고되고 힘들 때도 눈과 비를 맞을 때도
가족의 건강과 행복
지키면서 살았네

편안한 내 안식처 좋은 것과 맛있는 것
울 때도 웃을 때도 시시 때때 있었지만
세상사 희로애락이
내 맘 먹기 달렸네

숙였던 고개 들어 되돌아본 걸어온 길
남은 건 나이뿐인 허울 좋은 빈 껍질만
찰나에 지나간 시간
펴고 보니 빈 주먹

틈새

구겨져 비틀거린 서글픈 네모습은
잠결에 뒤척이는 내 삶의 가슴앓이
허공에 날리는 홀씨
푸석이는 버팀목

달빛이 맴돌다가 기대는 담장 위에
바람도 서성이다 뒷모습 남기는데
갈라진 마음의 상처
바람막이 집 한 채

산그리메 길게 누운 밤이 깊어 갈수록
온기 끊긴 텅 빈 굴뚝 빈집 지킨 잡초처럼
한 꺼풀 옷 벗은 나목
슬그머니 몸 푸는 가을

화포천의 겨울

화포천 산등성이 밤새가 울음 울고
노을에 걸려버린 선홍색 그리움은
두고 온 고향 생각에
눈시울만 붉히네

어디로 가야 하나 흐려진 기억 저편
짊어진 삶의 무게 걸음을 재촉하네
서늘한 겨울바람에
망설이는 시계추

화포천 저녁노을 한 폭의 수채화네
쓰다가 찢어버린 수취인 없는 편지
아련한 그리움 따라
꿈길 속을 걷는다

아직은 겨울

부뚜막 엉거주춤 기대선 부지깽이
가마솥 불꽃 따라 몽클한 쇠죽 냄새
색 바래 까만 옷소매
반질 그린 그 겨울

방문 앞 버티고선 오래된 흑백 티비
찌지 직 잡음 섞인 서글픈 옛 노래는
대처로 식모살이 간
내 동무의 넋두리

간다는 말도 없이 살짝이 떠나버린
겨울의 바람 냄새 코끝에 묶어두고
서릿발 보리밭 밟던
봄이 오던 그 길목

세월의 기도

사부작 지르밟는 단풍 든 잎새마다
제각각 써 내려간 하나둘 쌓인 사연
부서져 멍든 발자국
갈 길 바쁜 저 세월

매몰찬 찬바람에 옷깃을 부여잡고
가슴속 맺힌 울화 무서리 내리는 밤
산사의 풍경소리에
매듭 풀린 쌓인 한

못다 한 미련 많아 버리지 못한 욕심
힘들고 지친 마음 다잡아 보듬어서
못 뗀 정 그리움 담아
다시 한 번 피우리

충무공 이순신 장군

왜적의 침범으로 나라 앞 풍전등화
수루에서 쳐다보던 높이 뜬 달에 비친
쑥대밭 짓밟힌 강토
한숨짓던 그 의기

권력에 몰두했던 진흙탕 혼돈시대
당쟁에 암울했던 역사의 수레바퀴
나라와 백성을 위한
백의종군 그 사랑

아직도 신에게는 열두 척 배가 있다
죽음도 불사하던 드높던 우국충정
내 죽음 알리지 말라
당부하던 그 충절

만년 대리

무언의 그 눈초리 야멸찬 말 한마디
한 자루 비수 되어 마음을 헤집는다
속으로 삼킨 서러움
말 못 하고 울었다

새내기 신입사원 할 말을 다하는데
나는 왜 말 못 하나 마음속 드잡이질
다음엔 나도 해볼까
바싹 마른 내 입술

두 눈을 크게 뜨고 말문이 막힌 상사
얼굴만 붉히고선 저 저저 손가락질
내게로 불똥 튈까 봐
하얗게 빈 머릿속

고향 길에서 만난 수국길

고요한 새벽 아침 영롱한 이슬방울
새들은 노래하고 꽃나비 춤을 추네
까르르 해맑은 웃음
유혹하는 실바람

말로는 표현 못 해 인증샷 남겨본다
흐르는 물빛 따라 꽃향기 형형색색
중천엔 유월의 태양
고운 걸음 나들이

텅 빈 것 같은 마음 채우는 싱그러움
내 삶의 시간 속에 한바탕 가슴앓이
옛 기억 마주한 길목
고향마을 그 꽃길

정월 대보름 II

모처럼 쉬는 휴일 푹 자고 일어나니
오늘이 정월 보름 부럼에 오곡밥에
내 더위 모두 사 가라
더위 팔며 웃음을

주민들 모이라는 이장의 방송 소리
치부책 살펴가며 일 년을 결산한다
그동안 고생한 이장
마음 모아 박수를

초저녁 불을 밝힌 달집을 태우면서
올 한 해 무사 안녕 소원을 빌어본다
천공에 둥근 보름달
농악놀이 한마당

겨울 이야기

차가운 바람 타고 기승을 부린 추위
동장군 부라린 눈 기세가 등등하다
동백꽃 쏙 내민 입술
붉게 칠한 립스틱

버거워 휘어졌던 숙명을 끌어안고
차갑게 식어버린 여운을 색칠한다
무뎌진 계절에 기댄
달콤했던 그 순간

깊은 밤 건너야만 날이 밝는 것처럼
밟히고 힘들어도 봄날은 돌아온다
멀리서 바라본 시선
마중 나온 그림자

겨울날의 단상

콧속을 파고드는 삼 동의 매운바람
한기에 몸을 푸는 한 꺼풀 벗은 나목
한 가닥 미련 때문에
서성이는 아쉬움

처마 끝 타고 도는 차디찬 무서리에
거울 속 얼굴 내민 온도계 눈금마저
잠 못 든 긴긴 겨울밤
호호 불던 시린 손

창 너머 들려오는 찹쌀떡 사려 소리
희뿌연 가로등 불 선잠에 깜빡이네
움츠린 회색빛 도시
길을 잃은 시계추

겨울 동백

새아씨 볼그레한 수줍은 얼굴인가
호롱불 불 밝히는 첫날밤 연지 곤지
겉치마 바지저고리
한 몸으로
애닯다

연분홍 치맛자락 바람결에 하늘하늘
내 마음 들킬까 봐 수줍어 입만 달싹
동짓달 그림자 위로
속눈썹만
파르르

그리움 입술 위에 붉게 찍어 바르고
야삼경 달빛 아래 떠난 임 기다리네
속 살짝 내민 꽃망울
눈물자국
스미네

내 반쪽

당신과 함께하니 오늘이 청춘이요
첫 만남 그 시절이 어젠듯 하거만은
걸어온 발자국마다
눈물뿐인 한세월

이마에 주름살 수 세월을 이고 왔소
얼굴에 함박웃음 당신을 보노라니
가을날 햇살에 비친
내 얼굴만 같구료

애들도 잘 자라서 앞가림 다들 하니
이제는 시름 놓고 한세상 살아보세
굵어진 당신손마디
마디마다 붙은 정

이래도 한평생에 저래도 한평생을
우리도 재미나게 하세월 얘기하며
웃으며 두 손 꼭 잡고
세상구경 해보세

태풍 소식

가을로 접어들어 날씨가 시원 터니
태풍만 온다 하고 바람도 한 점 없네
에어컨 틀어야 하나
리모컨만 만지작

역대급 태풍 소식 연이어 재난 문자
단도리 할 것 없나 집 안팎 둘러보고
행여나 빠진 것 없나?
두 번 세 번 살피네

찌뿌둥 찜통더위 손부채 부쳐보고
누웠다 일어났다 샤워도 해보지만
열대야 같은 더위는
가실 줄을 모르네

창문을 열어놓고 하늘을 쳐다보니
천공에 걸린 달님 달빛만 교교하네
숨소리 들릴락 말락
태풍 전야 고요함

추억 속 거기

장마도 아닌것이 흐린날 연속이다
모처럼 하늘빛이 푸르게 문을 연날
추억이 서린 광도천
꽃향기를 만난다

해맑게 깨끗한 내 미꾸리 맴을 돌고
시원한 나무그늘 흐르는 물소리에
세상사 무거운 한숨
내려놓고 앉았네

다리에 올라서니 발아래 달그림자
무심한 세월따라 그리움 쌓인 창고
빛바래 멀어진 추억
서러워진 발걸음

한 바퀴 돌아 나온 인연의 소중함에
부딪혀 흩어지는 메아리 숨 가쁘다
할머니 옛 얘기 같은
우리들의 이야기

광도천 수국길

여느 때 다름없는 하루의 일과속에
열두 시 배꼽시계 밥 먹고 일하자네
여보게 일손들 놓고
밥 먹으러 가세나

서둘러 밥을 먹고 느긋한 휴식 시간
그동안 못 가봤던 광도 천 산책 왔네
탐스런 수국 꽃송이
활짝 웃고 반기네

꽃길을 만들어서 모두에 봉사하고
공연도 준비해서 즐거움 선사하네
누구나 할 수 있는 일
아무라도 못하네

어디서 놀러 왔나 관광차 대기하고
폼 잡고 사진 찍는 즐거운 남녀노소
이것이 사람 사는 정
이어주는 빛과 길

가뭄

오뉴월 땡볕 더위 빨갛게 타는 농심
아버지 푸념 섞인 농자지 천하 대본
둠벙가 삐걱거리는
더위 먹은 입구자

열사의 사막같이 입 벌린 논바닥엔
한일자 모아놓은 갈라진 내 천자들
서투른 솜씨 자랑에
발만 동동 밭 전자

하얗게 비쩍 마른 벼 이삭 그늘 속에
숨 가쁜 우렁이가 내뱉은 한숨 소리
끝없는 나락 속으로
떨어지는 풍당 퐁

허기져 비틀거린 태양도 녹아들고
모퉁이 서성이던 그림자 드러누운
딱딱 딱 죽비소리에
혼비백산 갈지자

추석

올해도 어김없이 찾아온 명절 추석
코로나 무서움에 냉각된 집안 여유
부모님 손사래 치며
오지 말라 하시네

그래도 명절인데 빈손엔 가지 못해
들어둔 적금 깨서 마련한 작은 선물
갑자기 비상근무로
우편 택배 부치네

마음이 편치 않아 뜨락에 나와서니
천공에 뜬 보름달 귀뚜리 울음소리
눈앞에 어른거리는
보고 싶은 얼굴들

언제나 자식걱정 애타는 부모 마음
다시 또 찾아뵐 날 얼마나 남았을까
내년을 기약하면서
맘만 보낸 고향 집

직장인의 회의

내 나이 정년 지나 아직도 근무 하니
아래위 눈치 보며 일하기 힘이 드네
뺀질이 부하 직원이
내 자리만 노리네

남들이 뭐라해도 아직도 일할 나이
직무에 상관없이 부딪혀 일하지만
뺀질이 감언이설에
상사분만 모르쇠

입살이 보살이라 눈감고 귀도 막고
내 일만 잘 해 내면 다될 줄 알았는데
무조건 참는 것만도
능사만은 아니네

이제는 나도 한번 할 말을 다해볼까
수백 번 다짐하며 속으로 삼켜보네
언제나 그런 날 올까?
가슴 속에 울분만

두통

남에겐 표현 못 한 말 못 할 씀벅거림
뒷골을 잡아당긴 손쓸 수 없는 아픔
쑤시고 자르는 고통
몰아쉬는 가쁜 숨

병원을 찾아갈까 고민도 해봤지만
고요한 첫새벽에 모두가 잠든 한밤
참는 게 능사라 하여
움켜잡는 머리칼

행여나 먹다 남은 진통제 있을까 봐
두 눈에 불을 켜고 뒤져본 서랍장엔
찾는 약 보이지 않고
줄 서 있는 다른 약

그래도 다급한 맘 들춰본 이 약 저 약
비슷한 설명서에 앞뒤도 재지 않고
아뿔싸 삼키고 보니
유효기간 지났네

백수 어선

선창가 우두커니 일렬로 부동자세
만국기 고개 숙여 그림자 세는 하루
소금기 하얀 그물코
붉게 녹슨 엔진음

전염병 코로나로 발 끊긴 인력시장
움츠린 어깨 위로 하얀 김 모락모락
돌아선 발걸음 위로
핸드폰만 만지작

새빨간 노을 타고 선장은 피시방에
못다 한 그물질로 자판과 씨름한다
허기진 배꼽시계만
두드리는 뱃가죽

코끝을 자극하는 알싸한 라면 냄새
치켜든 고개 끝에 매달린 하품 소리
길게 문 눈물 한 방울
파도 속에 묻힌다.

청춘의 덫

세월에 바람 타는 서글픈 잎새처럼
내 청춘 어디 갔나 쏜살과 같은 세월
아직도 마음은 청춘
아름답던 지난날

어떻게 보고 싶다 말로만 다할까요
기다림 사무치던 말 못할 가슴앓이
절절히 그리운 마음
잡지 못한 아쉬움

증표로 남겨놓은 해 질 녘 황혼 빛이
골목길 어귀에서 서로가 마주 보네
무작정 지켜온 약속
숨죽이던 그 눈빛

저승길 노자처럼 늘어난 검버섯들
긴 한숨 백발머리 잠시간 머문 자리
꿈 깨어 뒤돌아보니
어제같은 낯설음

풍수해

한 치 앞 볼 수 없이 내리는 거센 폭우
손 놓은 비설거지 힘없이 발만 동동
도시를 점령한 폭군
거침없는 물 폭탄

수많은 인명피해 막대한 재산 피해
해마다 되풀이된 장마와 홍수재해
서로가 머리 맞대고
막을 수는 없었나

자연의 재해일까 문명의 이기일까
짊어진 삶의 무게 넋 놓은 눈물방울
혀 빼문 시뻘건 토사
벌거벗은 수목들

가슴속 눌러 담은 토할 수 없는 심정
빈 허공 쳐다보며 삿대질 해 보지만
한순간 빼앗긴 둥지
갈 곳 없는 빈육신

울 아배

오늘도 어김없이 북녘땅 바라보며
두고 온 부모 형제 몽매에도 그리는 밤
손가락 헤아려 보던
울 아배의 몸부림

가끔씩 망각되는 고향 집 그리다가
빨갛게 불을 지핀 아궁이 바라보며
구슬픈 망향가 소리
장단 맞춘 부지깽이

한 방울 소리 없이 눈가에 맺힌 이슬
갈라져 투박해진 손등으로 문지르고
바지춤 툭툭 털면서
하염없이 웃는다

멍울져 딱딱해진 가슴속 숨긴 사연
못다 한 이별 얘기 밤새워 나누시며
아버지 당신의 어깨
내려놓고 쉬세요.

딸내미 결혼식

딸내미 혼삿날이 낼 모래 코앞이라
혼자서 되새기는 딸과의 추억한 편
이 밤도 잠 못 들고서
뜬눈으로 지새네

혼인을 하고 나면 이제는 출가외인
보내기 섭섭한 맘 속으로 삼킨 눈물
언제나 먼발치에서
지켜보마. 네 행복

내 눈엔 언제 봐도 철부지 어린앤데
면사포 쓴 네 모습 천사보다 어여쁘라
서로가 아껴가면서
잘살아라. 내 딸아

너무도 허전한 맘 네 방문 열어보니
너 없는 너의 방엔 휑하니 찬바람만
따뜻한 온기 그리운
손때 묻은 시간들

봉인된 기억

가끔씩 차오르는 말 못 할 그리움에
힘없이 들어 올린 텅 빈 것 같은 머리
자꾸만 쳐다본 하늘
초점 없는 눈동자

그늘에 가리어져 푸석해진 잿빛 얼굴
검버섯 덕지덕지 집 지은 거미줄은
가물한 기억 더듬어
그려보는 그대 모습

주마등 지나가듯 흘러온 세월 속에
그대도 나와 같이 나이가 들어갈까
하나둘 세어보는 흰 머리칼
환상 속에 머무네.

나이를 잊어가는 망각의 계절들은
길 잃은 빗소리에 착각에 빠져들고
봉인된 슬픈 사연은
시간 속에 갇혔네.

은퇴식

내 나이 육십 지나 정년을 넘긴 일터
남들은 고생했다 손뼉들을 쳐주건만
세상사 모든 잣대가
나가라고 등떠미네

첫 입사 그 시절과 달라진 것 없건마는
은퇴가 무엇일까 설렘 반 서운함 반
아직은 몸도 마음도
버틸 것만 같은데

오늘은 아니겠지 피 마르게 눈치 보며
하고픈 말도 못 한 계약직의 슬픈 비에
마지막 짐 정리하며
내려놓은 아쉬움

오수에 잠깐 취해 꿈꾸었던 일장춘몽
빈손에 가득 잡힌 열정뿐인 공염불들
뿌옇게 흐려진 눈가
미련 남는 후련함

통영의 봄

따뜻한 봄날 하루 남망산 봄나들이
만개한 벚꽃 잎이 눈처럼 흩날리고
연초록 수채화 인양
수를 놓는 언덕배기

좁다란 골목길에 자리한 조각공원
운하교 오고 가는 배들도 한가롭다
대나무 숲길을 따라
열무정에 오른다

사대에서 바라보는 한산도 앞바다와
과녁을 조준하며 활을 쏘는 내 모습에
충무공 이순신 장군의
학익진이 보일 듯

길가에 흐드러진 수줍은 붉은 동백
동피랑 병풍처럼 아늑히 휘어감은
강구안 아름다운 풍광
볼 때마다 새롭다.

밴드 출석부

밤잠을 설쳐가며 일등을 노렸지만
어느새 올라왔나 출석부 지나갔네
비빈 눈 빨개진 눈알
흘린 눈물 몇 방울

오늘은 일 등 하자 마음을 다잡으며
밴드를 열고, 닫고 기다림 오매불망
아뿔싸 또 늦었구나
허탈해진 내 마음

그래도 이등 출석 위안을 삼아보며
이대론 포기 못 해 또다시 심기일전
두 주먹 불끈 쥐면서
기다리는 내일 밤

아이구 부끄러워 잠적을 해야 하나
재빨리 댓글 달고 일등인 줄 알았는데
결과는 아니올시다
헛물켜고 말았네

친구 딸 결혼식 날

오늘은 내 친구의 딸내미 결혼식 날
그동안 코로나로 못 만난 친구들이
서로의 안부 전하다
뒤로 밀린 결혼식

오랜만 만난 친구 얼굴엔 함박웃음
악수와 포옹으로 온기도 전해보네
까맣게 잊은 결혼식
미안해서 어쩌나

딸내미 손을 잡고 식장에 들어오는
친구의 눈에 걸린 동그란 수정구슬
부모의 애잔한 마음
내 맘 또한 짠하네

왁자한 음식점 안 구수한 육두문자
만나자 헤어짐이 못내 또 아쉬워서
나 한잔 자네도 한 잔
권해보는 술 한 잔

이제 또 헤어지면 언제 또 만나볼까
쨍하고 부딪히는 술잔 속 어린 얼굴
친구여 언제 까지나
건강하게 지내세

오일장

딩동댕 알람 소리 배시시 눈을 뜨니
희번한 바깥 날씨 선잠을 일깨우네
오늘은 읍내 오일장
시장 보러 가자네

감기는 눈꺼풀을 억지로 부여잡고
시장에 도착하니 사람들 정말 많네
우리도 그 틈에 섞여
무얼 살까 두리번

눈으로 만져보고 입으로 맛을 보고
구수한 입담으로 손님을 유혹하네
입가에 미소를 달고
어깨너머 구경만

주문한 배추 모종 곁들인 무우씨앗
조금만 깎아달라 주인과 흥정하네
밑간 다 안된다면서
슬그머니 에누리

이런 게 시골 인심 오일장 찾는 이유
가슴엔 훈훈한 정 모두가 이웃사촌
웃으며 인사 나누는
사람 사는 이야기

치과 진료

충치로 손상된 이 오래전 치료받아
이제는 괜찮겠지 잊고서 살았는데
아무런 전조도 없이
송두리째 빠졌네

겁이 나 두근대는 마음을 부여잡고
진료차 치과 찾아 슬머시 들어서니
새콤한 소독약 냄새
기계 소리 무섭네

방사선 사진 찍고 진료대 올라가서
수건으로 눈 가리고 아 하고 입 벌리니
선생님 하시는 말씀
발치하라 하시네

발치 때 안 아프냐 에둘러 여쭤보니
마취제 주사하니 아프지 않다고 하여
다음 주 발치하기로
예약하고 나섰네

내 나이 예순 넘어 이 나이 되어서도
치과의 이빨치료 무서워 가기 싫네
나 아닌 다른 사람도
이구동성 똑같네

코로나 격리

코로나 확진으로 일주일 자가 격리
할 일은 태산인데 손발을 묶어놓네
밖에도 나가지 마라
이 노릇을 어쩌나

누워서 쳐다보는 천장엔 남은 일들
눈으로 펼쳐놓고 마음만 안절부절
일상의 모든 일들이
멈추어져 버렸네

총무인 나도 없는 내일은 동창 모임
급하게 회장님께 주재를 부탁했네
며칠 후 친구 딸 결혼
미안함도 전했네

내일 자 급한 공문 결재는 어떡해요
다급한 직원 전화 입 닫고 묵묵부답
타고 타 재가된 마음
누가 알 수 있으랴

남들은 이 기회에 푹 쉬고 나오라네
대답은 그러마고 응대를 하였지만
위 아래 눈치를 보는
월급쟁이 쓰린 맘

제목: 봉인된 기억

초판 1쇄 인쇄 2023년 05월 15일
초판 1쇄 발행 2023년 05월 22일

지은이: 임성근
펴낸이: 서인석
편집 및 디자인: 서인석· 서윤희
펴낸곳: 도서출판 열린동해문학
<등록 제 573-2017-000013호>
주소: 충북 청주시 서원구 모충로 93 1층 101호

HP: 010-7476-3801
팩스: 043-223-3801

ISBN 979-11-981624-3-4 (03800)

이 책의 판권은 저자와 출판사의 동의 없이 무단 및 복제를 금합니다. 파손된 책은 구입처에서 교환하여 드립니다.

이 도서의 국립중앙도서관 출판시 서지정보유통지원 시스템) 홈페이지(http://seoji.nl.go.kr)와 국가자료공동목록시스템 (http:nl.go.kr/kolisnet) 에서 이용하실 수 있습니다.